Il mio primo libro dei DINOSAURI

DoReMi è un marchio EDICART Style

Via Jucker, 28 - Legnano (MI) - Italia

Titolo originale: *First Dinosaur Book*

Testi di *Clive Gifford*

Consulenza editoriale di *Camilla de la Bédoyère*

Illustrazioni di *Ela Smietanka* e *Ana Gomez*

Traduzione dall'inglese di *Bradamante*

www.edicart.it

Il mio primo libro dei DINOSAURI

DoReMi

Sommario

6 Chi sono i dinosauri?

8 I primi dinosauri

10 Quando vissero i dinosauri?

12 Forme e dimensioni

14 Grandi pascoli

16 I feroci carnivori

18 I giganteschi erbivori

20 Denti e artigli

22 Corni e corazze

24 Nidi e uova

26 I cuccioli

28 In movimento

30 Le orme

32 Terrore T Rex!

34 Raptor all'attacco!

36 I padroni dei cieli

38 I padroni dei mari

40 La fine dei dinosauri

42 I fossili

44 Al museo

46 Glossario

48 I nomi dei dinosauri

Chi sono i dinosauri?

I dinosauri erano antichi rettili terrestri che in un lontano passato popolavano la Terra. Si sono estinti milioni di anni fa, ma noi oggi possiamo conoscerli e studiarli dai resti fossili che hanno lasciato sul Pianeta.

Chi sono i dinosauri?

I dinosauri prendono spesso il nome dal loro aspetto, dal posto in cui sono stati trovati o da chi li ha trovati. L'Herrerasaurus prende il nome dal pastore di capre Victorino Herrera, che per primo ha trovato questo dinosauro in Argentina nel 1959.

Molti dinosauri hanno la pelle dura e squamosa, altri invece sono coperti di piume.

Con il lungo collo potevano mangiare le foglie e i frutti dagli alberi alti.

AMPELOSAURUS

L'*Ampelosaurus* era lungo quanto due autobus!

QUAL È IL NOME DI DINOSAURO PIÙ LUNGO?

Il nome di dinosauro più lungo è... *Micropachycephalosaurus*, che significa "piccola lucertola dalla testa spessa"! Esercitati a dirlo per stupire i tuoi amici. Si pronuncia...

I primi dinosauri

Queste meravigliose creature si pensa che siano vissute oltre 230 milioni di anni fa. La maggior parte dei primi dinosauri non camminava su quattro zampe, ma su due.

A testa alta!

Il *Plateosaurus* era un dinosauro che mangiava piante, cioè erbivoro. Si alzava sulle zampe posteriori per raggiungere le foglie più alte.

Piccolo e veloce

L'Eoraptor era un dinosauro a due zampe piccolo e veloce. Era lungo circa un metro e pesava circa 10 chilogrammi, tanto quanto un piccolo cane.

FAI UN DINOSAURO... EQUILIBRISTA!

Disegna e colora il corpo di un dinosauro usando metà di un piatto di carta, poi ritaglialo. Usa l'altra metà per disegnare testa, collo e coda. Usa due mollette per il bucato per le gambe. Il tuo dinosauro sta in equilibrio o cade?

Cacciatore in branco

Il *Coelophysis* era grande più o meno quanto te. Questo veloce dinosauro viveva e cacciava in grandi branchi.

Gli scheletri di dinosauri sono davvero rari. Rimasero tutti stupiti quando nel 1947, negli Stati Uniti, furono ritrovati 100 scheletri di *Coelophysis* tutti insieme!

Quando vissero i dinosauri?

I dinosauri popolarono la Terra tra 235 e 66 milioni anni fa, nell'Era secondaria o Mesozoico. Questo è diviso in tre parti, il Triassico, il Giurassico e il Cretacico.

L'uomo non esisteva durante l'era dei dinosauri, ma c'erano insetti, pesci, rettili e coccodrilli.

Giurassico

Questo è il periodo intermedio, tra 200 e 145 milioni di anni fa.

Apatosaurus

Triassico

I dinosauri comparvero per la prima volta sulla Terra nel Triassico, tra 250 e 200 milioni di anni fa.

Compaiono i primi dinosauri, carnivori ed erbivori: i carnivori sono piccoli e a due zampe, gli erbivori sono decisamente più grandi.

Procompsognathus

Durante il Mesozoico si avvicendarono moltissimi dinosauri molto diversi tra loro.

Una grande casa

Quando i dinosauri comparvero sulla Terra vi era un unico grande continente chiamato Pangea. Nelle ere successive la Pangea si frammentò dando luogo agli attuali continenti, ed è per questo che i dinosauri si trovano in diverse parti del Pianeta.

Cretacico

Tra i molti dinosauri che vivono durante il Giurassico, ci sono i giganteschi Sauropodi.

Grandi e feroci carnivori ed enormi erbivori corazzati popolano il Pianeta durante il Cretaceo.

FAI UNO SCHELETRO DI DINOSAURO

Costruisci uno scheletro di dinosauro usando della pasta, un cartoncino e un po' di colla. Usa rigatoni e altri formati di pasta per fare le ossa dello scheletro. Alla fine puoi scrivere il nome del tuo dinosauro sul cartoncino!

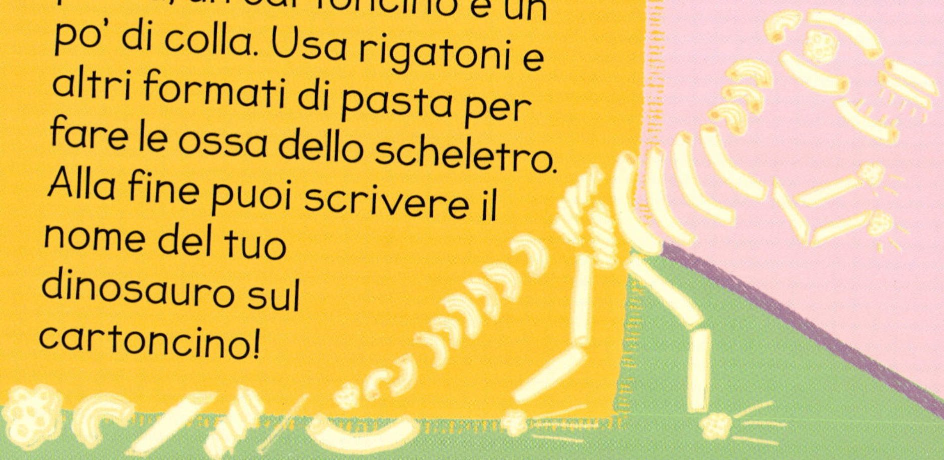

Il Cretacico, tra i 145 e i 66 milioni anni fa, è stato il periodo d'oro dell'Era dei dinosauri.

Forme e dimensioni

I dinosauri avevano svariate forme e dimensioni. Alcuni pesavano quanto dieci elefanti, altri erano più piccoli di un pollo!

Per riuscire a pompare sangue nel suo enorme corpo, il cuore del *Brachiosaurus* era probabilmente delle dimensioni di… un cane di taglia media!

FACCIAMO DUE CONTI!

Pesati e poi usa una calcolatrice o chiedi a un adulto di aiutarti a calcolare:

1. Per quante volte dovresti moltiplicare il tuo peso per raggiungere quello del cibo che un *Brachiosaurus* mangiava in un solo giorno?
2. Quanti bimbi come te occorrerebbero per pesare come un *Giganotosaurus*?
3. Quanti Compsognathus di quattro chili ci vorrebbero per pesare quanto te?

Grandi pascoli

Il mondo preistorico era pieno di piante, alberi ad alto fusto e rigogliosi cespugli e felci. Più di metà di tutte le specie di dinosauri conosciute era erbivora e per sopravvivere sgranocchiavano piante tutto il giorno.

L'enorme *Stegosaurus* ha un cervello piccolo, delle dimensioni di una noce!

Lento e forte

Lo *Stegosaurus* era un vero e proprio carro armato e pesava fino a 3,5 tonnellate! Si muoveva lentamente, mangiando *soprattutto rametti e foglie.*

Le grandi placche ossee sul dorso lo facevano sembrare più grande e inoltre attraevano l'eventuale compagno o compagna.

Il forte becco lo aiutava a spezzettare le piante coriacee.

I lunghi aculei sulla coda servivano a difendersi dai predatori carnivori che lo attaccavano.

Pollice appuntito

L'*Iguanodon* camminava a quattro zampe, ma si alzava sulle due posteriori per raggiungere le foglie più alte di cespugli e alberi.

Artiglio usato per difesa e per prendere il cibo.

UN DOLCE STEGOSAURUS!

Taglia circa tre quarti di una fetta di pancake. Taglia a fette due fragole grandi per le placche sul dorso e usa mezza banana per la coda. Con quattro pezzi di ananas fai le gambe, con un'altra fragola intera la testa e usa alcuni mirtilli per gli occhi e per decorarlo. Stegosaurus, che bontà!

Bocca o... tosaerba?

La bocca del *Nigersaurus* conteneva fino a 500 denti affilati con cui tagliava e masticava le piante, un po' come un tagliaerba!

Al *Nigersaurus* ricrescevano denti nuovi ogni poche settimane, al posto di quelli consumati che cadevano.

I feroci carnivori

Molti dinosauri cacciavano altri dinosauri, o comunque altri animali. Alcuni si affidavano alla rapidità e agli agguati, altri usavano le loro grandi dimensioni e la forza bruta.

Eretto, l'*Allosaurus* è alto fino a 5 metri! Caccia principalmente Stegosaurus, o comunque i lenti erbivori.

Aveva mandibole potenti che gli permettevano di afferrare la preda con forza.

È stata ritrovata una cacca fossile di *Allosaurus* lunga un metro e mezzo!

I CARNIVORI E GLI ERBIVORI DI OGGI

I dinosauri si dividevano in carnivori ed erbivori. Sai dire il nome di 5 animali carnivori e di 5 erbivori dei giorni nostri?

Spinosaurus

A questo enorme animale più lungo di uno scuolabus piaceva cacciare in acqua. Inghiottiva pesci enormi infilzandoli con i suoi denti aguzzi.

I giganteschi erbivori

Gli enormi sauropodi erano erbivori. Tutti avevano lunghe code per controbilanciare i lunghi colli, necessari a raggiungere le tenere foglie sulle parti più alte degli alberi.

Un vero peso massimo!

L'*Argentinosaurus* era un gigante lungo 35 metri e uno dei dinosauri più pesanti. Pesava circa 70 tonnellate ed era grande cinque volte il *T Rex*.

La lunga coda del *Diplodocus* era più della metà della lunghezza totale del suo corpo!

Per sopravvivere, un **Apatosaurus** doveva mangiare almeno 400 kg di cibo al giorno.

Piante spinose? Buone!

Il *Diplodocus* era un dinosauro erbivoro lungo 26 metri del peso di circa 20 tonnellate. Usava i suoi denti piatti per masticare le foglie fino a ridurle in poltiglia.

LUNGHEZZE A CONFRONTO

Misura l'altezza di uno dei tuoi amici. Quanti amici alti come lui sarebbero necessari per arrivare alla lunghezza di un *Argentinosaurus?*

Uno stomaco di pietra!

L'*Apatosaurus* non masticava il cibo, lo inghiottiva intero. Come altri erbivori inghiottiva anche grandi pietre che aiutavano a macinare il cibo nello stomaco.

Denti e artigli

I paleontologi che studiano i dinosauri sono molto interessati a denti e artigli perché ci dicono molto su come i dinosauri vivevano e su ciò che mangiavano.

Il *Therizinosaurus* è un erbivoro dall'aspetto curioso che può crescere fino a 7 metri!

Tipi di denti

I denti dei dinosauri erano adatti ai diversi tipi di cibo di cui ogni rettile si nutriva.

Plateosaurus

I miei denti sono a forma di foglia con i bordi frastagliati, ben adatti per sfrondare i rami.

Giganotosaurus

Io ne ho tanti, lunghi e acuminati, per strappare la carne.

Gallimimus

La mia bocca non è munita di denti, ma di un becco come quello di un uccello, utilissimo per beccare semi, vermi e insetti.

Artigli come rasoi

Alcuni dinosauri avevano artigli che usavano per attaccare le prede, per difendersi e per raccogliere il cibo.

Il Therizinosaurus aveva enormi **artigli**: **affilati** e acuminati, raggiungevano il metro di lunghezza!

DISEGNA UN DINOSAURO PAZZERELLO

Nella metà superiore di un foglio disegna metà di un dinosauro un po' pazzerello. Poi piega il foglio in modo che il tuo disegno rimanga nascosto e chiedi a un tuo amico di disegnare sul resto del foglio la metà inferiore di un dinosauro un po' pazzerello! Quando anche lui avrà finito riaprite il foglio e.... sorpresa!

Corni e corazze

I dinosauri erbivori erano pesanti e lenti e non potevano sfuggire ai predatori carnivori, agili e veloci. Per fortuna erano protetti da pesanti corazze fatte di dure placche ossee, e alcuni avevano letali corni e aculei appuntiti.

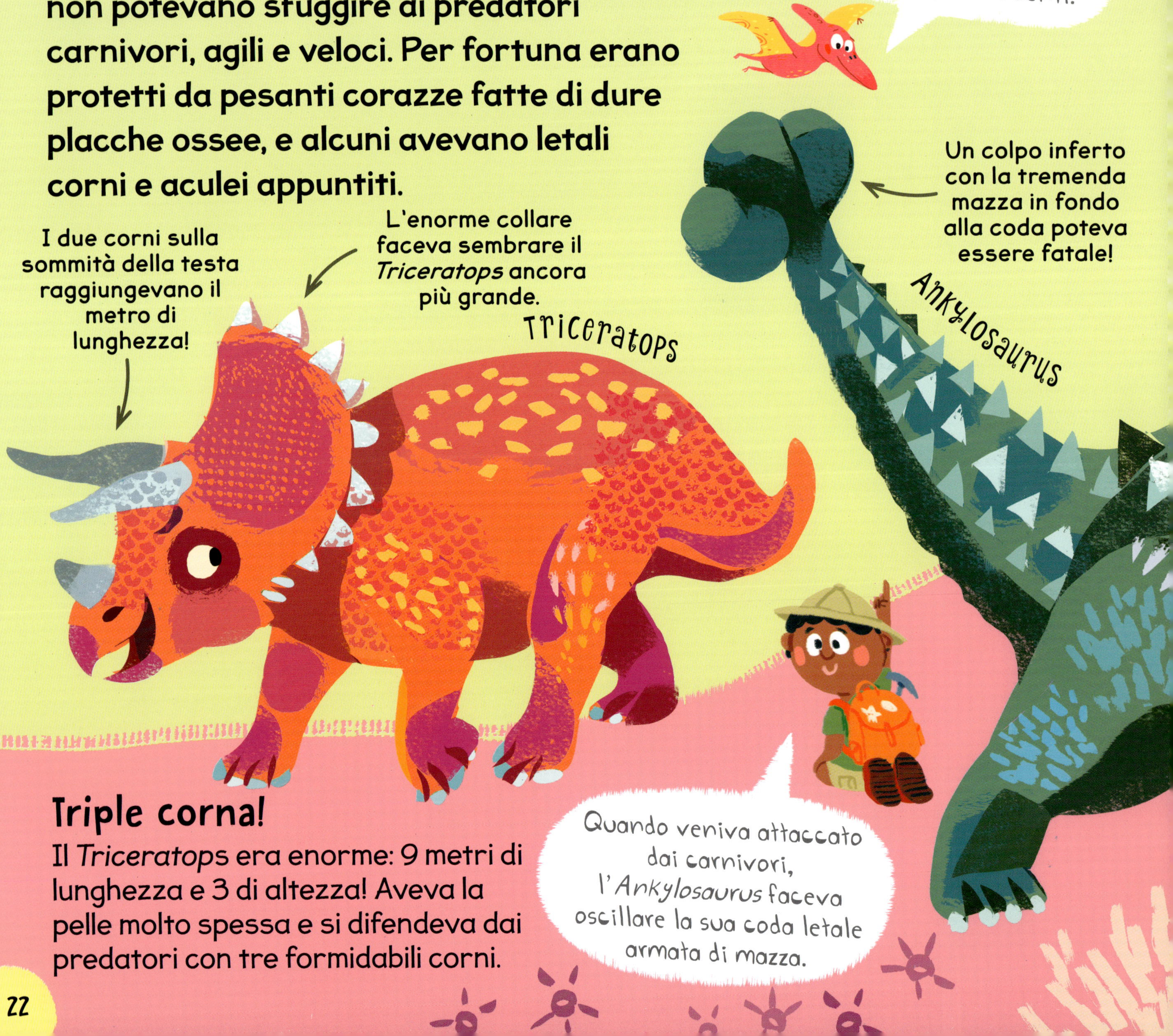

Triple corna!

Il *Triceratops* era enorme: 9 metri di lunghezza e 3 di altezza! Aveva la pelle molto spessa e si difendeva dai predatori con tre formidabili corni.

Testa dura!

Con una grande cupola ossea sulla testa e una corona di spine, il Pachycephalosaurus teneva a distanza predatori e rivali.

Quella del *Triceratops* era una delle teste di dinosauro più grandi: un terzo della sua lunghezza totale, cioè 3 metri!

DIVENTA UN TRICERATOPO

Taglia due terzi di un piatto di carta, come vedi nel disegno sotto. Fai due fori per gli occhi e due più piccoli ai lati della maschera. Ritaglia tre corni e un naso da una scatola di cartone, poi colora come ti piace la tua maschera. Per finire attacca un elastico ai due fori ai lati e ROARRRR, diventa un *Triceratopo*.

Nidi e uova

I dinosauri nascevano dalle uova, proprio come uccelli e coccodrilli oggi. Le uova del dinosauro più piccolo erano lunghe 8 centimetri, ma per i grandi erbivori potevano raggiungere i 60 centimetri!

Bravi genitori

Mamma *Troodon* seppelliva le uova per metà nel fango creando un nido. Si sedeva quindi sulle uova per tenerle calde fino alla schiusa.

Che calduccio!

Alcuni dinosauri coprivano le loro uova con ramoscelli e foglie. Quando i vegetali marcivano producevano calore e scaldavano le uova.

L'*Edmontosaurus* curava molto il suo nido e proteggeva i suoi cuccioli dai predatori.

TROVA I DINOSAURI!

In ognuna delle tre parole qui sotto si nasconde il nome di un dinosauro, ma per trovarlo... devi riordinare le lettere!

gurssetuaso
coastertrip
olupdcodis

Risposte: Stegosaurus; Triceratops; Diplodocus

Ladri di uova

Le uova e i cuccioli erano spesso predati da serpenti e altri dinosauri.

I serpenti mangiavano le uova ancor prima che si schiudessero!

I cuccioli

La maggior parte dei cuccioli dei dinosauri dovevano cavarsela da soli, cioè nutrirsi e difendersi appena usciti dall'uovo. I cuccioli di *Maiasaura* erano più fortunati: i genitori si prendevano cura di loro fino a quando non erano in grado di essere autonomi.

I cuccioli di *Maiasaura* crescevano in fretta! Per il loro ottavo compleanno pesavano già 2 tonnellate!

Maiasaura significa "buona lucertola madre".

Mamme premurose

La *Maiasaura* era un erbivoro che viveva in branco. Tutte le mamme del branco crescevano i piccoli anche delle altre mamme portando loro il cibo nei nidi.

Alla nascita i cuccioli erano circa 40 centimetri di lunghezza.

Proteggere i piccoli

I *Triceratops* adulti proteggevano i loro cuccioli dagli attacchi dei predatori formando un cerchio intorno ai piccoli con le loro teste dotate di lunghi corni rivolte verso l'esterno.

UNA CRESCITA... ESPONENZIALE!

Crescendo, gli *Ampelosaurus* passavano dai 4 chili alla nascita agli 8.000 chili dell'età adulta, vale a dire 2.000 volte il loro peso iniziale! Scopri quanto pesavi quando sei nato e poi moltiplica quel valore per 2.000... Dovresti metterti subito a dieta!

In movimento

Proprio come i bufali e le zebre di oggi, alcuni dinosauri vivevano in grandi branchi. Questo serviva a proteggere gli individui singoli dagli attacchi dei feroci carnivori.

Branchi felici

Possiamo capire quali dinosauri vivevano e si muovevano in branchi dalle loro impronte e dal ritrovamento di fossili tutti nello stesso posto. I Parasaurolophus erano grandi dinosauri che vivevano in branco.

La grande cresta del *Parasaurolophus* serve ad amplificare il suo verso come un trombone, per avvertire il branco di un predatore in arrivo!

In Canada è stato ritrovato un enorme branco di migliaia di fossili di *Centrosaurus*.

Il grande becco somigliava a quello dell'anatra ed era munito di denti piatti adatti a macinare le dure foglie di cui si nutriva.

I piccoli di Parasaurolophus camminavano su **due gambe**. Crescendo, e di conseguenza diventando più pesanti, camminavano su quattro.

RUGGISCI COME UN DINOSAURO!

Fai un respiro profondo e poi fai un ruggito più profondo, forte e spaventoso che puoi. Ora costruisci una tromba usando un lungo rotolo di cartone e aggiungendo un pezzo di cartone a forma di cono all'estremità da cui esce il suono. Ora prova di nuovo a ruggire. È più forte?

Le orme

Tutti i dinosauri si muovevano sulla terraferma, anche se alcuni guadavano i corsi d'acqua senza problemi. Lo abbiamo capito studiando le orme fossili che hanno lasciato.

Piedoni fantastici!

Orme di dinosauro sono state trovate in tutto il pianeta. Sono i fossili di dinosauro ritrovati nelle vicinanze che ci aiutano a identificare il dinosauro che le ha lasciate.

Il T Rex camminava e correva in punta di piedi.

Dal tipo di impronta si può anche capire se il dinosauro era cucciolo o adulto.

La più grande impronta di dinosauro, trovata in Australia, era di un sauropode enorme. Misura 175 centimetri di lunghezza e 90 centimetri di larghezza!

TERRIBILI ORME!

Disegna un piede di dinosauro e chiedi a un adulto di tagliare una spugna della stessa forma. Immergi il tuo piede di spugna in una ciotola con il colore che preferisci poi fai le impronte su un foglio di carta grande o un foglio di carta da pacco. Aiuto, che paura!

Questo enorme, pesantissimo sauropode avanzava lentamente sulle sue quattro massicce gambe.

Le sue impronte misurano 80 centimetri di lunghezza!

Lo struthiomimus invece era un dinosauro veloce: raggiungeva gli **80 chilometri all'ora!**

Gambe muscolose e potenti.

Lo *Struthiomimus* assomigliava a uno struzzo gigante!

Terrore T Rex!

I giovani T Rex crescevano di peso di 2 Kg al giorno.

Il *Tyrannosaurus Rex* è uno dei dinosauri più famosi e feroci. Cacciava altri dinosauri, ma nei periodi di magra non disdegnava di banchettare con delle carogne.

Mascelle da paura!

Le mascelle del *T rex* erano lunghe 1,2 metri! Quando apriva la bocca rivelavano 60 terribili denti appuntiti a forma di cono.

Uno scheletro di *T Rex* trovato nel 1990, chiamato Sue, è stato venduto per 8,3 milioni di dollari!

UN DENTE TERRIBILE!

Per fare un grande dente di T Rex avvolgi una banana in un sottile foglio di carta bianca fissandolo con del nastro adesivo trasparente. Ora immagina 60 denti simili in una bocca gigante: che paura!

Raptor all'attacco!

Non tutti i cacciatori erano grandi come il T Rex. I raptor erano piccoli ma feroci predatori carnivori a due zampe con piume e artigli.

Quando plano uso la coda per cambiare direzione.

Come un aliante

Il *Microraptor* era grande come un gallo e aveva le braccia e le gambe coperte di piume. Le usava come ali per planare quando si lanciava dagli alberi.

Il mio nome significa "ladro, rapace veloce".

Denti affilati come rasoi.

Il fulmineo Velociraptor era delle dimensioni di un grosso tacchino.

Mani e piedi erano muniti di affilati artigli uncinati.

I Velociraptor cacciavano in branco e così facendo riuscivano ad abbattere prede molto più grandi di loro.

Predatore spaventoso

Insolitamente grande per la sua specie, l'Utahraptor era alto 2 metri. Era il più grande dei raptor.

Con i grandi occhi riusciva a individuare e a catturare anche prede piccole e veloci.

Il grande artiglio curvo era molto utile per sventrare la preda.

L'*Utahraptor* pesava oltre 400 kg, più pesante di un orso grizzly!

DIVENTA UN PALEONTOLOGO

Completa i sei nomi di dinosauri con "raptor", "saurus" e "ceratops".

Tri _ _ _ _ _ _ _
Ovi _ _ _ _ _ _
Stego _ _ _ _ _ _
Proto _ _ _ _ _ _ _
Bambi _ _ _ _ _ _
Apato _ _ _ _ _ _

Risposta: Triceratops; Oviraptor; Stegosaurus; Protoceratops; Bambiraptor; Apatosaurus

I padroni dei cieli

Svettando sopra i dinosauri, gli pterosauri erano i padroni dei cieli. Questi preistorici rettili volanti avevano dimensioni che variavano da quelle di un passero a quelle di un piccolo aeroplano.

Lo PTERODACTYLUS volava sopra la superficie dei mari per banchettare con PICCOLI PESCI.

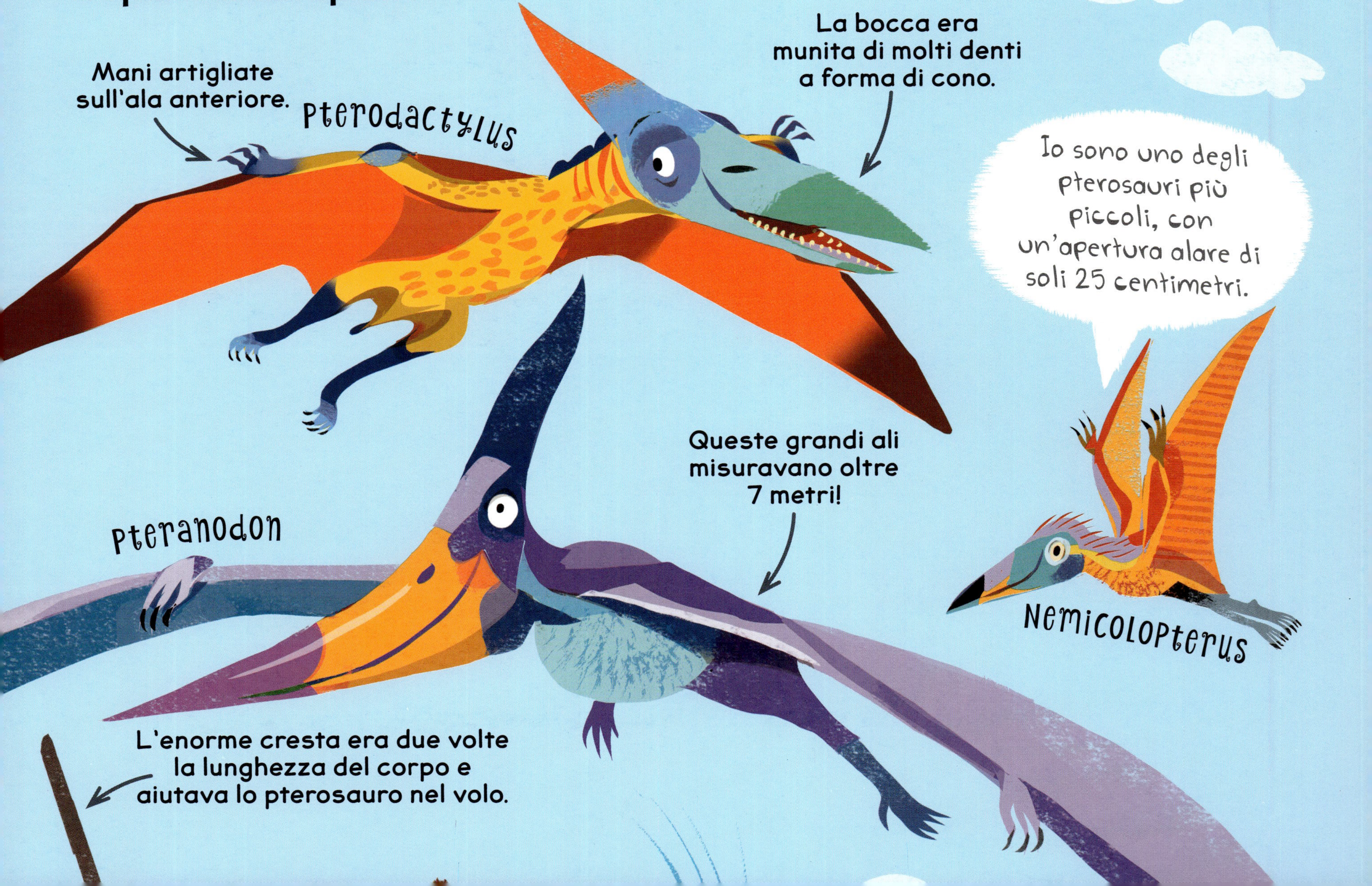

DISEGNA UNO PTEROSAURUS

Prendi un grande foglio di carta e disegna il tuo Pterosaurus. Quanto grandi erano le sue ali? Che forma avevano la sua testa e la sua coda? Quale cibo mangiava? Aveva una cresta sulla testa?

Gli pterosauri sono state le creature più grandi di sempre a volare sulla Terra, e molti di loro avevano una cresta piumata.

Grande come un aereo!

Quetzalcoatlus era lo Pterosaurus più grande. La sua apertura alare misurava 11 metri, quattro volte più grande del più grande uccello che oggi solca i nostri cieli: l'albatro.

I padroni dei mari

Mentre i dinosauri governavano la terraferma, enormi rettili marini nuotavano nei mari banchettando con i pesci. Questi rettili nuotavano in profondità, ma dovevano tornare regolarmente in superficie per respirare.

Il Mosasaurus pesava il doppio di un elefante!

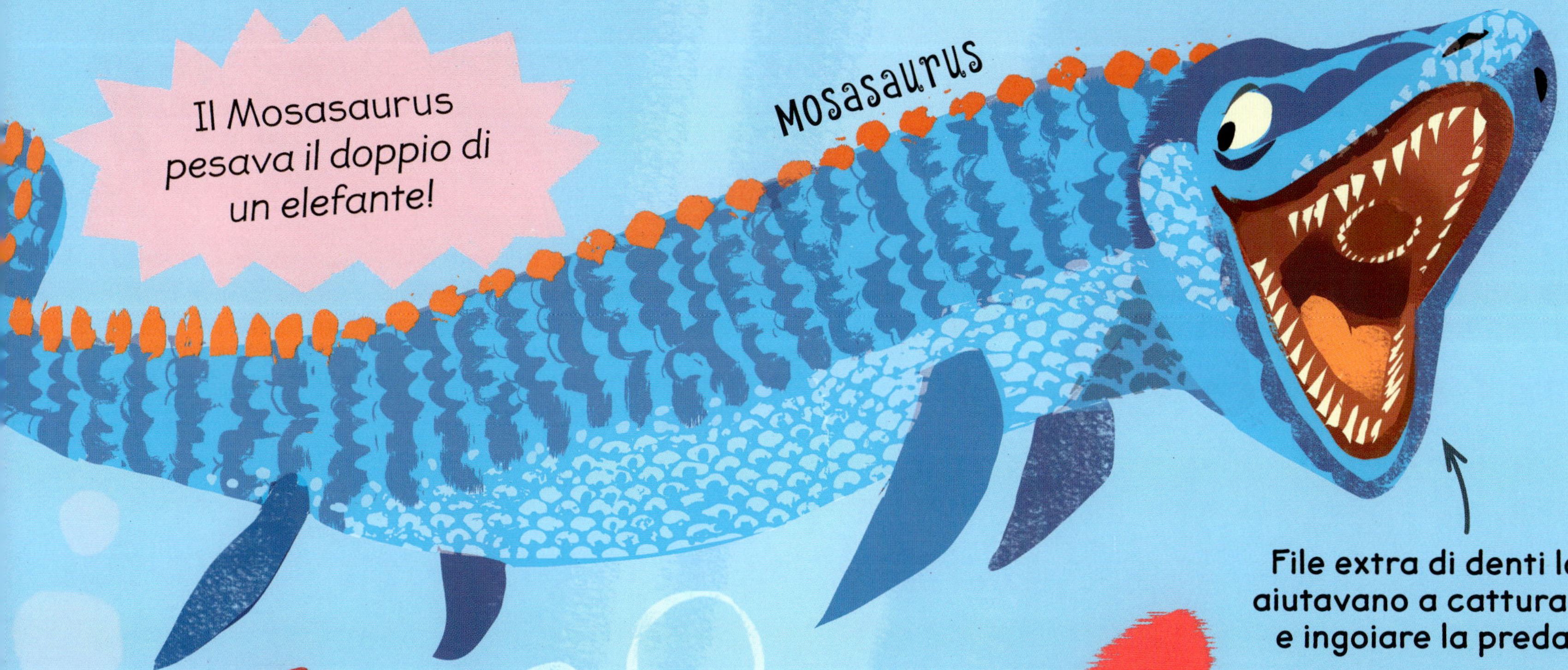

File extra di denti lo aiutavano a catturare e ingoiare la preda.

Pinne enormi e un buon olfatto fanno di me un veloce nuotatore e un cacciatore formidabile.

Una grande bocca piena di denti affilati gli davano un morso potentissimo!

UN SACCO DI PAROLE!

Crea tante nuove parole cambiando la posizione e il numero delle lettere che compongono la parola "opthalmosaurus". Ogni parola deve avere almeno due sillabe. Poi usa un dizionario per controllare l'ortografia delle parole che hai composto.

La fine dei dinosauri

I dinosauri vissero sulla Terra fino a circa 66 milioni di anni fa, poi scomparvero. Ecco quello che si pensa sia successo.

Un grosso asteroide attraversò l'atmosfera del nostro Pianeta.

① Gli ultimi dinosauri

Circa 66 milioni di anni fa, i dinosauri popolavano ancora la Terra. Grandi animali come Triceratops, Ankylosaurus e il feroce T Rex.

② L'impatto!

Un asteroide si schiantò sulla superficie della Terra sollevando un'enorme nuvola di polvere che oscurò il sole per anni. La temperatura scese e la Terra divenne fredda e buia.

③ La morte

Il cambiamento del clima durò molti anni. Senza la luce del sole, le piante morirono, e morirono anche i dinosauri erbivori che mangiavano le piante, e quelli carnivori che si nutrivano degli erbivori..

Molti vulcani eruttarono, riempiendo l'atmosfera di gas tossici.

④ I sopravvissuti

Alcune creature sopravvissero, tra cui coccodrilli, tartarughe, serpenti e uccelli. Nuovi animali comparvero sulla Terra dopo i dinosauri, come scimmie, felini e anche noi uomini!

Dopo l'impatto dell'asteroide, gli uccelli si nutrirono di semi.

I fossili

I dinosauri si sono estinti, ma ci restano i loro resti: i fossili. Tutto quello che sappiamo di queste incredibili creature è dovuto al ritrovamento dei fossili.

Un osso fossile della gamba di un sauropode trovato in Francia misurava 2,2 metri di lunghezza!

George Frandsen è un americano che COLLEZIONA... cacche fossili! Possiede 1277 reperti fossili di escrementi di dinosauro!

Come si formano i fossili?

Per formarsi i fossili richiedono migliaia, talvolta milioni di anni. Sepolto sotto il fango, e poi sotto strati e strati di roccia, lo scheletro del dinosauro morto si dissolve lasciando uno spazio che poi si riempie di sostanze minerali formando una copia perfetta delle ossa stesse.

1. Muore un dinosauro. Le parti molli del suo corpo si decompongono e lo scheletro è ricoperto di strati di sabbia o fango.

2. Con il tempo lo **scheletro** si dissolve e viene sostituito con una sostanza minerale simile alla pietra, formando il **fossile**.

Trovare **uno scheletro completo** è un evento incredibile e **molto, molto raro!**

Tracce fossili sono per esempio i nidi, le impronte e lo sterco dei dinosauri, e sono molto importanti!

③ Milioni di anni dopo le rocce, che nel frattempo si sono mosse, lasciano intravedere il fossile.

COSTRUISCI UN FOSSILE!

Fai un impasto mescolando 1 tazza di sale con 2 tazze di farina e circa ½ tazza di acqua. Dividilo in sei pezzi a cui darai una forma piatta e circolare, come un grosso biscotto. Sulla superficie di ogni forma schiaccia una conchiglia, un insetto di plastica o un dinosauro di plastica, poi rimuovili e lascia che i tuoi fossili asciughino e si induriscano. Fatto!

Dopo essere stati estratti dalla roccia, gli scheletri dei dinosauri vanno ricostruiti, osso per osso: un vero rompicapo!

Al museo

Ti piacerebbe trovarti faccia a faccia con un vero scheletro di dinosauro? Ti andrebbe di vedere la ricostruzione di un dinosauro a grandezza naturale che sembra muoversi e ruggire? Sì? Allora vai in un museo di storia naturale!

Al Museo di Storia Naturale di Londra si fanno spesso dei pigiama party per bambini sotto un enorme sauropode ricostruito.

POSTER PREISTORICO

Scegli un dinosauro che ti piace da questo libro e fai il tuo poster.
Fai un grande disegno del tuo dinosauro, coloralo e scrivi tante informazioni vicino al disegno. Per approfondire, vai a fare una ricerca nella biblioteca della scuola o chiedi a un tuo insegnante di aiutarti a saperne di più.

Cacciatrice di fossili

Mary Anning (1799-1847) aveva solo 12 anni quando trovò un fossile di Ittiosauro vicino a casa sua nel sud dell'Inghilterra, oltre 200 anni fa. Mary passò tutta la vita a cercare altri fossili.

Glossario

Asteroide
Un pezzo di roccia che vaga nello spazio. Alcuni asteroidi cadono sui pianeti, per esempio la Terra.

Branco
Un gruppo di animali che vivono insieme.

Cambiamento climatico
Quando il clima di tutto il mondo si altera in modo evidente.

Corazza
Una forte, dura copertura di placche ossee che proteggeva alcuni dinosauri.

Erbivori
Animali che si nutrono esclusivamente di vegetali, come piante e foglie.

Estinzione
Scomparsa definitiva di una razza o di una specie animale o vegetale sulla Terra.

Fauci
Le parti della testa di un animale corrispondenti a mascella e mandibola, che ospitano i denti.

Flessibile
Qualcosa che può piegarsi facilmente senza rompersi.

Fossile
I resti di piante e creature, compresi i dinosauri, che hanno vissuto tantissimo tempo fa. I fossili sono spesso ritrovati conservati nella roccia.

Predatore
Animali, per esempio i dinosauri come il T Rex, che cacciano e

uccidono altri animali per nutrirsene.

Prede
Animali che vengono cacciati e mangiati da altri animali.

Preistoria
Periodo che precede l'uso della scrittura. Questo periodo risale a milioni di anni fa.

Pterosauro
Un rettile volante vissuto ai tempi dei dinosauri.

Rettile
Animale a sangue freddo, di solito con pelle ricoperta di squame, che utilizza il calore del sole per mantenere caldo il suo sangue.

Rettili marini
Enormi rettili che, al tempo dei dinosauri, vivevano negli oceani.

Sauropode
Dinosauro erbivoro di enormi dimensioni che si muoveva su quattro zampe. Aveva un lungo collo e una lunga e forte coda.

Scheletro
La struttura portante di ossa che supporta il corpo.

Tonnellata
È un peso che equivale a 1.000 chilogrammi.

Tracce fossili
Sono fossili, come per esempio le impronte, gli escrementi o i nidi di dinosauri, che ci danno indicazioni di come vivevano i dinosauri.

I nomi dei dinosauri

I nomi scientifici dei dinosauri sono in latino, e possono essere difficili da pronunciare. Qui sotto, li troverai accanto al nome italiano, e quando il nome italiano non esiste, troverai la pronuncia del nome latino.

Dinosauri

Alamosaurus	*Alamosauro*
Allosaurus	*Allosauro*
Ampelosaurus	*Ampelosauro*
Ankylosaurus	*Anchilosauro*
Apatosaurus	*Apatosauro*
Argentinosaurus	*Argentinosauro*
Brachiosaurus	*Brachiosauro*
Coelophysis	*Celofisio*
Compsognathus	*Compsognato*
Deinonychus	*Deinonico*
Diplodocus	*Diplodoco*
Edmontosaurus	*Edmontosauro*
Eoraptor	*Eoraptor*
Gallimimus	*Gallimimo*
Giganotosaurus	*Giganotosauro*
Herrerasaurus	*Errerasauro*
Iguanodon	*Iguanodonte*
Maiasaura	*Maiasaura*
Microcephalosaurus	*Microcefalosauro*
Microraptor	*Microraptor*
Minmi	*Minmi*
Nigersaurus	*Nigersauro*
Pachycephalosaurus	*Pachicefalosauro*
Parasaurolophus	*Parasaurolofo*
Plateosaurus	*Plateosauro*
Spinosaurus	*Spinosauro*
Stegosaurus	*Stegosauro*
Struthiomimus	*Struziomimo*
Tyrannosaurus Rex	*Tirannosauro (T Rex)*
Therizinosaurus	*Terizinosauro*
Triceratops	*Triceratopo*
Troodon	*Troodon*
Utahraptor	*Utaraptor*
Velociraptor	*Velociraptor*

Pterosauri

Nemicolopterus	*Nemicolopterus*
Nyctosaurus	*Nictosaurus*
Pteranodon	*Pteranodonte*
Pterodactylus	*Pterodattilo*
Quetzalcoatlus	*Quetzalcoatlo*

Rettili Marini

Elasmosaurus	*Elasmosauro*
Liopleurodon	*Liopleurodonte*
Mosasaurus	*Mosasauro*
Ophthalmosaurus	*Ophthalmosaurus (pronuncia Oftalmosaurus)*
Shastasaurus	*Shastasaurus (pronuncia Sciastasaurus)*